I0837417

Oswaldo Ruiz

Reinaldo Rodríguez Anzola

TRUTHS?

¿VERDADES?

TRUTHS?

¿VERDADES?
©Oswaldo Ruiz
©Reinaldo Rodríguez Anzola
ISBN: 9798643543237
2020

Ozzyto_6@hotmail.com
reinaldorodriguez@facebook.com
rey253@hotmail.com
viviressuficiente@gmail.com
aceptoeldevenir@gmail.com
@ReinaldoRodriguez
@SobrelaVida
reinaldorodriguez.blogspot.com

A

Reinaldo Rene Rodríguez Franco

ÍNDICE

CONTENIDO

"Truth is a land without roads, and can not be accessed by any path, religion, sect ...
Truth, being unlimited, unconditioned, inaccessible by any path, can not be organized, nor should it be created. No organization to guide or force people to follow any particular path ... If an organization is created for this purpose it becomes a crutch, a weakness, a captivity, and it must stiffen the individual and prevent him from growing, establishing his oneness, which resides in the discovery on its own account of that absolute and unconditioned truth ...
"

Krishnamurti

"...la verdad es una tierra sin caminos, y no se puede acceder a ella por ningún sendero, ninguna religión, ninguna secta (...)
La verdad, al ser ilimitada, incondicionada, inaccesible mediante sendero alguno, no puede organizarse, ni debería crearse ninguna organización para guiar o forzar a la gente a seguir ninguna vía en particular... Si se crea una organización con este propósito se convierte en una muleta, una debilidad, un cautiverio, y debe anquilosar al individuo e impedirle crecer, establecer su unicidad, la cual reside en el descubrimiento por su cuenta de aquella verdad absoluta e incondicionada..."

Krishnamurti
Reflexiones sobre el yo.
Madrid, Edaf

TRUTHS?
¿VERDADES?

-1-

Life:
a beautiful enigma

La vida:
un enigma hermoso

The whole
is within us

La totalidad
está en nosotros

-3-

We are reality

Somos realidad

-4-

We are earth, water,
air, light…

Somos tierra, agua,
aire, luz…

-5-

We are sidereal dust
or nothing

Somos polvo sideral
o nada

There is the whole.
The person is fiction

Existe el todo.
La persona es ficción

-7-

The person is
a cultural creation

La persona es
una creación cultural

The self,
being indispensable,
does not exist

El yo,
siendo indispensable,
no existe

-9-

The person
lives in duality

La persona
vive en la dualidad

The person is
an abstraction

La persona es
una abstracción

-11-

The self is a symbol,
a word

El yo es un símbolo,
una palabra

-12-

We are becoming

Somos devenir

-13-

Concepts
are stories

Los conceptos
son historias

-14-

The person is
a linguistic creation

La persona es
una creación lingüística

-15-

Language
characterizes
without being essence

El lenguaje caracteriza
sin ser esencia

-16-

The word
creates the world

La palabra
crea el mundo

-17-

Being ineffable,
what- it -is exists

Siendo inefable,
Lo-Que-Es existe

What we say
are opinions

Lo que decimos
son invenciones

-19-

To live in society,
we divide all

Para vivir en sociedad,
dividimos todo

The person is
and lives in history

La persona es
y vive en la historia

-21-

The self and the person
are fictions

El yo y la persona
son ficciones

-22-

Being sidereal dust
is a story

Ser polvo sideral
es una historia

-23-

Reality includes imagination

La realidad incluye a la imaginación

Illusions and fictions
exist

Las ilusiones
y las ficciones
existen

-25-

The person is born
with language

La persona nace
con el lenguaje

-26-

The person is a history:
born and dies

La persona es
una historia:
nace y muere

-27-

Reality,
as a whole,
is not history

La realidad como
totalidad no es historia

-28-

We are reality
and as such eternal

Somos realidad
y como tal eternos

-29-

The person is
a symbol

La persona es
un símbolo

Identify yourself with
your essence:
not with the ego

Identifícate con tu
esencia:
no con el ego

-31-

We are What-It-is,
without beginning
or end

Somos Lo-Que-Es,
sin principio ni final

If the sacred exists,
life is sacred

Si lo sagrado existe,
la vida es sagrada

-33-

Language and person
dance together

Lenguaje y persona
danzan juntas

Person and language
are nature

Persona y lenguaje
son naturaleza

-35-

Everything is
intertwined,
even the dualistic

Todo está entrelazado,
hasta lo dualista

Being One
duality
characterizes us

Siendo Uno,
la dualidad
nos caracteriza

-37-

Truth is God,
All,
One,
Tao,
…Nothing

La verdad es Dios,
Todo,
Uno,
Tao,
…Nada

In reality
we are indefinable

En realidad
somos indefinibles

-39-

Everything and Nothing
are concepts, stories.

Todo y Nada son
conceptos, historias

We are not divided.
We are one.

No estamos divididos.
Somos Uno.

-41-

Truth is not history.
It is what it is.

La verdad no es
historia.
Es Lo-Que-Es

We know stories
but not reality.

Conocemos historias
y no la realidad

-43-

Without understanding,
we are nature

Sin comprenderlo,
somos naturaleza

To live, you do not
need to think

Para vivir no es
necesario pensar

-45-

Thinking we make
history

Al pensar hacemos
historia

-46-

Thought characterizes
us

El pensamiento nos
caracteriza

-47-

You are a thinking body

Eres un cuerpo que
piensa

Division is history

Toda división es historia

-49-

All separation is
conceptual. You are
one with everything

Toda separación es
conceptual. Eres uno
con todo

Think what is
necessary and live the
totality

Piensa lo necesario y
vive la totalidad

51

The God, of whom we
speak, is an illusion

El Dios, del que
hablamos, es ilusión

52

God is our son, not the
reverse

Dios es hijo nuestro, y
no lo inverso

-53-

To live is more than
to think

Vivir es más que
pensar

Beyond thought:
the truth

Más allá del
pensamiento:
la verdad

-55-

We know we do not
know, and truth
releases

Sabemos que no
sabemos, y la verdad
libera

Divided life
is an illusion

La vida dividida
es ilusión

-57-

Live. It's enough

Vivir y basta. Es
suficiente

Life is love and
love is life

La vida es amor y
el amor es vivir

-59-

Live with love,
fulfills with joy

Vivir con amor,
colma de gozo

No one is wise.
Life is wise

Nadie es sabio.
Sabia es la vida

-61-

Life is worth more than
its contents

La vida vale más que
sus contenidos

Life is the key,
live it!

La vida es la clave,
¡vívela!

-63-

Let the wisdom of life
guide you!

¡Deja que te guíe
la sabiduría de la vida!

-64-

Wisdom exists without
the wise ones.

La sabiduría existe,
sin que haya sabios

-65-

Without knowing
what it is to be,
we are

Sin saber
qué es ser,
somos.

In silence,
there is wisdom

En el silencio,
hay sabiduría

-67-

If it is not enough for
you to live,
what can fulfill you?

Si no te basta vivir
¿qué puede sosegarte?

-68-

To live is to become.
To think is to show off

Vivir es devenir.
Pensar es presumir

-69-

The ultimate truth
cannot be thought of

La verdad última
no puede ser pensada

Out of thought
there is nothing

Fuera del pensamiento
no hay nada

-71-

Life supposes
contradictions

La vida supone
contradicciones

Happiness
is full of life

La felicidad
es vida plena

-73-

Without thoughts
there are no problems

Sin pensamientos
no hay problemas

Living is more
wonderful than thinking

Vivir es más
maravilloso que pensar

-75-

We seek the truth
even though
it doesn't exist

Buscamos la verdad
aunque
no exista

We are "facts",
more than doers

Somos "hechos",
más que hacedores

-77-

To wake up is
to observe
the observer

Despertar es
observar
al observador

Awakening happens.
It's spontaneous

Despertar sucede.
Nadie lo logra

-79-

If everything is,
nothingness
does not exist

Si todo es,
la nada
no existe.

Do you want to live?
pay attention!

¿Quieres vivir?
¡Presta atención!

-81-

Without identification,
there is wisdom

Sin identificación
hay sabiduría

-82-

If I were wise,
I would not know

Si fuera sabio,
no lo sabría

-83-

If we are the totality,
nothing matters

Si somos la totalidad,
nada importa

You are proof of
contradictions of life

Eres prueba de las
contradicciones de
la vida

-85-

The obvious of life is
not understood

Lo evidente de la vida
no se comprende

End and beginning are
opinions

Principio y fin
son opiniones

-87-

Wholeness is a fact.
Nothingness is fiction

La totalidad es
un hecho. La nada
es una ficción

If "something" is
what is "nothingness"?

Si "algo" es
¿qué es la nada?

-89-

Being happy makes life
more beautiful

Ser feliz hace a la vida
más hermosa

Telling the truth,
leads to truth?

Decir la verdad
¿conduce a la verdad?

-91-

The truth is you

La verdad eres tú

It's so hard
to tell the truth!

¡Qué difícil es
decir la verdad!

-93-

The only certain thing
is "I am"

Lo único seguro es
"soy"

There is something
beyond thought

Hay algo más allá
del pensamiento

-95-

The person we believe
to be does not exist

La persona que
creemos ser no existe

We are "something" or
nothing, but we are

Somos "algo" o nada,
pero somos

-97-

Only the present is true

Solo el presente es verdad

The wise observes,
without identifying
with his ideas

El sabio observa,
sin identificarse
con sus opiniones

-99-

Life and death
are also fictions

Vida y muerte
son también ficciones

-100-

The personal God
denies the sacred

Un Dios personal
niega lo sagrado

-101-

If the truth is in yourself,
why are you looking
outside yourself?

Si eres realidad
¿dónde la buscas?

The observer is
the observed:
we are that

El observador es
lo observado:
somos eso

-103-

You are conscience
and not someone
with conscience

Eres conciencia y no
alguien con conciencia

Not wishing anything.
Is there greater
happiness?

No desear nada.
¿Hay mayor felicidad?

-105-

We exist. Is there
anything more strange?

Existimos. ¿Hay algo
más extraño?

The self separates us
from the world

El yo nos separa del
mundo

-107-

The egocentric
is not happy

El egocéntrico
no es feliz

Mission of life:
a non-personal goal

Misión de vida:
una meta no personal

-109-

Free will:
do your best

Libre albedrío:
hacer lo mejor posible

Awakening:
see the interrelation
of everything

Despertar:
ver la interrelación
de todo

-111-
There are actions.
Not people

Hay acciones.
No las personas

Only without thoughts
you see what lies
beneath

Sólo sin pensamientos
hay revelación

-113-

Ideas are
also prison

Las ideas también son
prisión

-114-

The miracle of living is
to wake up

El milagro de vivir
es despertar

-115-

We are what we are
and to live is enough

Somos lo que somos
y vivirlo basta

The person never lives
the present

La persona nunca vive
el presente

-117-

Eternity is now

La eternidad es ahora

-118-

Love and the spiritual
merge

El amor y lo espiritual
se funden

-119-

The self hides
the animal we are

Nos identificamos
con lo que no somos

If everything is
intertwined,
we are Everything

Si todo está
entrelazado,
somos Todo

-123-

Thought is wonder
and prison

El pensamiento es
maravilla y prisión

There are no limits
to stupidity

No hay límites
para la estupidez

-125-

Concepts reveal
and guard reality

Los conceptos revelan
y velan la realidad

The truth is a mystery,
it transcends everything

La verdad es inefable:
trasciende todo.

-127-

We are not the person
we believe to be

No somos la persona
que creemos ser

Nothing is ours,
everything is life

Nada es nuestro,
todo es de la vida

-129-

Consciousness is
aware of its mystery

La conciencia se
percata de su misterio

We are not separated
from anything

No estamos separados
de nada

-131-

Free will is
another illusion

El libre albedrío es
otra ilusión

The ego conditions
everything

El ego
todo lo condiciona

-133-

Knowledge is finite
and reality is infinite

Saber es finito y
la realidad es infinita

Thought is and will be
contradictory

El pensamiento es y
será contradictorio

-135-

Person and culture
are created mutually

Persona y cultura
se crean mutuamente

-136-

We believe ourselves
important without
knowing ourselves

Nos creemos
importantes,
sin conocernos

-137-

We are one
with nature

Somos uno
con la naturaleza

Something happens
if the person
sees his fiction

Algo sucede
si la persona
ve su ficción

-139-

Nobody is enlightened:
to be a person
is fiction

Nadie se ilumina:
ser persona es ficción

-140-

Uncertainty prevails

La incertidumbre
prevalece

-141-

About God,
everything
is uncertain

Sobre Dios
todo
es incierto

"Being" and God
are robes of mystery

"Ser" y Dios son
ropajes del misterio

-143-

The existence of God
will never be evident

Nunca será evidente
la existencia de Dios

To speak of
the inexplicable
is an excess

Hablar de
lo inexplicable
es un exceso

-145-

No answers,
let's accept the riddle

Sin respuestas,
aceptemos el enigma

Being is unthinkable
and ineffable

Ser es impensable
e inefable

-147-

Love:
the greatest gift!

El amor:
¡el mayor de los dones!

There is happiness
when the person
is not present

Hay felicidad
cuando la persona
no está

-149-

We are programmed
to think we are free

Estamos programados
para ver opciones

If you think
you know yourself,
you have not woken up!

Si crees conocerte,
¡no has despertado!

-151-

The self dies
but not
the life that we are

Muere el yo
y no la vida que somos

Matter is more word
than "thing".

Materia es más palabra
que cosa.

-153-

Only illusion exists

Sólo la ilusión existe

Extraordinary
is life
but not death

Extraordinaria
 es la vida
y no la muerte

-155-

Thoughts
are fictions

Los pensamientos
son ficciones

The truth is always
present!

¡La verdad siempre
está presente!

-157-

We live and die
every day

Cada día,
vivimos y morimos

-158-

We are something
but we do not know
what

Somos algo que no
sabemos qué es.

-159-

Calm down!
We are all or nothing

¡Tranquilos!
Somos todo o nada

Going towards nothing,
isn´t that poetic?

Ir hacia la nada
¿no es, además,
poético?

"... Perhaps there are none, perhaps when the idea of the road is ignored, from a distance to travel, and the intensity of the present is regained, the nearness of the mystery can be felt."

Rafael Cadenas

Notes on San Juan de la Cruz and the mystic

"…Tal vez no haya ninguno, tal vez cuando se prescinde de la idea de camino, de distancia a recorrer, y recobra su intensidad el presente, puede sentirse la cercanía del misterio."
Rafael Cadenas

Apuntes sobre San Juan de la Cruz y la mística

Request

Dear reader friend, thank you for your comment, preferably on Amazon, next to the book or sent to my email:
viviressuficiente@gmail.com o rey253@hotmail.com.

Petición

Querida amiga o amigo lector, agradezco tu comentario, preferiblemente en Amazon, al lado del libro o enviado a mi correo: viviressuficiente@gmail.com o rey253@hotmail.com.

Authors consulted

This book is influenced by Heraclitus, Parmenides, Krishnamurti, Laotse, Buddha, Socrates, Einstein, Ramana Maharshi, Osho, Nisargadatta Maharaj, Ramesh Balsekar, Plato, Aristotle, Descartes, Kant, Nietzsche, Wittgenstein, Comte-Sponville, Heidegger, Schopenhauer, Ciaran, Montaigne, Rafael Cadenas, Eckhart Tolle, Jeff Foster.

Autores consultados

Este libro tiene influencia de Heráclito, Parménides, Krishnamurti, Laotse, Buda, Sócrates, Einstein, Ramana Maharshi, Osho, Nisargadatta Maharaj, Ramesh Balsekar, Platón, Aristóteles, Descartes, Kant, Nietzsche, Wittgenstein, Comte-Sponville, Heidegger, Schopenhauer, Ciarán, Montaigne, Rafael Cadenas, Eckhart Tolle, Jeff Foster.

About the Authors

Oswaldo Ruíz has been an English teacher for over twenty five years. He is also an international chef with a specialization in Asian and Venezuelan mantuan cuisine, a spinning instructor and a motivational trainer. He was a high class swimmer in the United States and in Venezuela in the 80´s and 90´s. He is also a marathon runner, a road bike cyclist and has participated in many important triathlons. He is a traveler, a jazz/rock lover and a loving father of three.

Reinaldo Rodríguez Anzola has explored philosophical, scientific and mystical questions. From his experiences he has published books and press articles. He has been a columnist for the newspapers El Nacional and El Impulso in Venezuela. He has been a doctor in law, litigating lawyer, legal consultant, walker, mountaineer, diver, reader, observer, lover and pilgrim. He has five children and lives in Caracas.

Sobre los autores

Oswaldo Ruiz ha sido profesor de inglés por más de treinta y cinco años. Él también ha sido un chef internacional especializado en cocina asiática y cocina mantuana venezolana, es instructor de spinning y entrenador motivacional. Fue nadador de alta competencia en los Estados Unidos de América y en Venezuela en los 80 y 90. Él también ha sido corredor de maratón, ciclista y ha participado en importantes competencias de triatlón. Es amante de los viajes, de la música jazz/rock y padre amoroso de tres hijos.

Reinaldo Rodríguez Anzola ha explorado cuestiones filosóficas, científicas y místicas. Fruto de sus experiencias ha publicado libros y artículos de prensa. Ha sido columnista de los diarios El Nacional y El Impulso en Venezuela. Ha sido doctor en derecho, abogado litigante, consultor jurídico, caminante, montañista, submarinista, lector, observador, amante y peregrino. Tiene cinco hijos y vive en Caracas.

Other books

¡DISFRUTA AHORA!
*Es más tarde de lo que piensas
–A la luz de la sabiduría
de Einstein y Rafael Cadenas–*
amazon.com/dp/b00ds76c04
*Prólogo de Jesús Enrique
Barrios
Presentación de Rafael Cadenas*
A la luz de la sabiduría
amazon.com/dp/b00Fi7LPFE
*Prólogo de Jorge Portilla
Palabras de Rafael Cadenas*
Vivir y nada más
amazon.com/dp/b00gazork8
Prólogo del filósofo Jorge Portilla
Razones para ser feliz
¡Cómo lograrlo!
amazon.com/dp/b00h3wyt8w
Prólogo de José Pulido
Tú no existes
amazon.com/dp/b00hwm712o
Prólogo de Bill Quick
Vida y Conciencia
amazon.com/dp/b00i5pbh6i
¿Qué somos?
amazon.com/dp/b00ijb8lus
¿Sabemos algo?
amazon.com/dp/b00ig6fn3E
¿Somos libres?
amazon.com/dp/b00iopsgmc

Lo-Que-Es

amazon.com/dp/ B00I5PBH6I
Pensamiento y silencio
amazon.com/dp/b00Lfq7dbw
¡Despiértate!
La vida es una fiesta
o un paseo ¡escoge!
amazon.com/dp/b00muz7yji
Vida y Muerte
amazon.com/dp/b00oijns5s
Reasons to be happy
amazon.com/dp/b00ty4kw7e
Inglés / Español
Ragioni per essere felici
Come riuscirci!!
amazon.com/dp/B00qnw1r2o
Italiano / español
¿Pretendes ser feliz?
amazon.com/dp/b00vghzwr2
A….Z infinito de la vida
amazon.com/dp/b01326y5pe
Vida Plena
amazon.com/dp/b01bpxuy56
Vivir Amar Gozar y Reír
amazon.com/dp/b015wmbeua
Amar colma de gozo
amazon.com/dp/b01cwl9m1a
You do not exist
Bilingual English-español
amazon.com/dp/b01abhgk5a
Being happy
English-Deutsch-Italiano-
Español
amazon.com/dp/B01B336ox4

La vida tal como es
amazon.com/dp/B01EOLZTE6
**GRÜNDE   ZUM
GLÜCKLICHSEIN**
Wie erreicht man das!
amazon.com/dp/B0169P75ZM
Traducción al alemán:
Herlinda Stockner
¿Sabes Vivir?
amazon.com/dp/B01FLERNMC
Si Dios existiera
amazon.com/dp/B01hc5i9ps
Incertidumbres
amazon.com/dp/B01ICKV9H2
No-Saber
amazon.com/dp/ B01LWZOI20
Espiritualidad
amazon.com/dp/B01N3R0WUM
Verdades
amazon.com/dp/B01NA9HJQC
Asertos y Preguntas
amazon.com/dp/B01N9JT35N
Truths?
¿Verdades?
amazon.com/dp/B01MTGH4PO
Inteligencia
amazon.com/dp/B06XCF815Z
Ser - Presencia
amazon.com/dp/B07283HFST
¡Asómbrate!
Somos enigmas
amazon.com/dp/B073YM7YN8
Ilusión - Presencia

amazon.com/dp/B077PVLRM7
Realidad - Presencia
amazon.com/dp/B079Z2FXWM
Papel ISBN 1980671346
Rafael Cadenas Poesía y destino
amazon.com/dp/B079T1BQ1V
Presencia Ser-Ilusión-Realidad
amazon.com/dp/B07ckl5wjh
Prólogo de Jorge Portilla
Presencia no-dual
amazon.com/dp/B07CZV36Q5
Prólogo de Jorge Portilla
Papel ISBN:
9781723833304
¿Qué somos? ¿Somos libres?
amazon.com/dp/B07JD7FBH4
Papel ISBN: 9781728817163
La felicidad desde el infierno de Venezuela
amazon.com/dp/B07FK6W2YG
Papel ISBN: 9781717817679
"ESO" "LO-QUE-ES" "LO-QUE-SOMOS"
amazon.com/dp/B00IVKQUM8
Papel ASIN: 172891194X
Momentículas *de Jesús Enrique Barrios*
http://www.amazon.com/dp/B07G7CBP31